Zwerg Willibald und seine Freunde

In Willis Zwergkalender,
Da geht es lustig zu und froh,
Es spielen dort fünf Freunde,
Sie heißen Schnecke, Käfer, Hase, Uhu, Floh.

9783938187838
W0342211

Und dann ist da noch einer,
Der ist genau so fit,
Das ist der kleine Medicus,
Der spielt und turnt mit ihnen mit.

Er weiß ganz viel vom Körper,
Vom Kopf, vom Arm, vom Bein,
Und später, wenn er groß ist,
Will er ein Arzt mal sein.

Auf allen den Kalenderseiten
Wollen Willi und die Freunde uns begleiten.
Zusammen woll´n wir würfeln, hüpfen, krabbeln
Und dabei lust´ge Sprüche babbeln.

Liebe Kinder, schnell noch einen Gruß
Von Willi, allen Tieren und dem kleinen Medicus.
Denn nun geht´s los!

Gleichgewichtsprogramm – Stufe 1 Rückseite

Vers:
Schnick, schnack, schneck,
Komm aus dem Versteck.
Streck das Köpfchen langsam
Hoch zur Sonne.
Ach, sie scheint ganz warm,
Welch` Wonne.

Beug den Kopf nach unten dann,
Dass Dein Auge sehen kann,
Wie der schöne Sonnenschein,
Lässt die Blumen wachsen,
Bunt und fein.

Schnick, schneck, schnack,
Ich wünsch dir einen guten Tag!

Ausgangsstellung:
(Die Schnecke sitzt in ihrem Schneckenhaus.)
Das Kind sitzt auf dem Stuhl. Der Kopf ist leicht gebeugt – das Kinn zeigt zur Erde, die Hände liegen locker auf oder neben den Oberschenkeln.

Bewegungsablauf:
Der Kopf wird langsam angehoben – der Blick geht in Richtung Decke.
Position kurz halten.
Der Kopf wird langsam zurück in Richtung Boden bewegt.
Position kurz halten.
Der Kopf wird langsam zurück in die Ausgangsposition bewegt.

Es wird gewürfelt.
Alle Kinder kriechen, krabbeln, hüpfen, gehen seitwärts … je nach Würfelbild in ihre Gruppen.

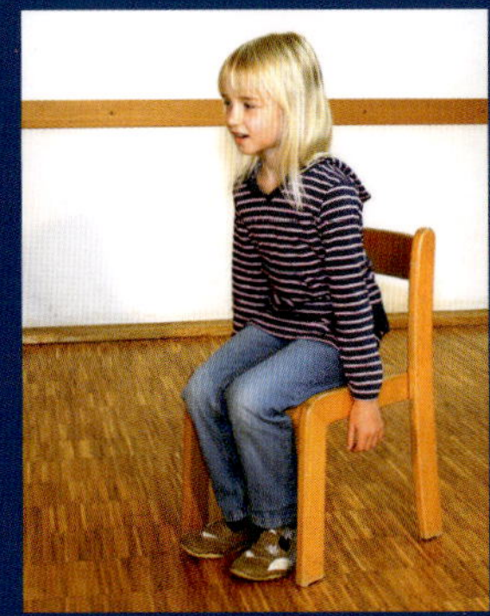

Vers:
Der Floh, der sitzt auf einem Blatt.
Der Wind bläst ihn nach vorn,
Er fällt nicht ab.

Das Blatt neigt sich nach hinten sacht,
Der kleine Floh gibt tüchtig acht.

Gleich bläst der Wind nach vorn ihn
Wieder.
Der Floh bleibt sitzen,
Singt frohe Lieder.

Der Wind beendet nun sein Spiel,
Der Floh der freut sich,
Weil er nicht vom Blatte fiel.

Ausgangsstellung:
(Der Floh sitzt auf seinem Blatt.)
Das Kind sitzt auf dem Stuhl.

Bewegungsablauf:
Der Oberkörper wird langsam nach vorn verlagert.
Position kurz halten.
Der Oberkörper wird langsam nach hinten verlagert.
Position kurz halten.
Der Oberkörper wird langsam nach vorn verlagert.
Position kurz halten.
Der Körper wird zurück in die Ausgangsposition bewegt.

Es wird gewürfelt.
Alle Kinder kriechen, krabbeln, hüpfen, gehen seitwärts … je nach Würfelbild in ihre Gruppen.

Vers:
Lieber Käfer tanz mit mir,
Meine Hände reich` ich Dir.

Tanzen jetzt mit Dideldum,
Einmal rund im Kreis herum.

Drehen uns zurück im großen Kreise,
Das war eine lust`ge Käferreise.

Ausgangsstellung:
(Die Käfer möchten tanzen.)
Die Kinder stehen im Kreis.

Bewegungsablauf:
Die Kinder fassen sich an.
Alle Kinder drehen sich gemeinsam langsam im Kreis herum.
Stoppen.
Die Kinder drehen sich langsam im Kreis zur anderen Seite zurück.
Stoppen.

Es wird gewürfelt.
Alle Kinder kriechen, krabbeln, hüpfen, gehen seitwärts … je nach Würfelbild in ihre Gruppen.

Vers:
Bi, ba, buhu, auf dem Baum,
Da sitzt ein Uhu.
Dreht sich ganz zur Seite dann,
Dass er alles sehen kann.

Will sich nun zur andren Seite drehen,
Denn da gibt es auch noch viel zu
Sehen.

Lieber Uhu, eine Bitte:
Dreh` Dich zum Schluss zurück zur
Mitte.

Dreh` dich ein und dreh` dich aus,
Schüttel deine Flügel aus.

Ausgangsstellung:
(Der Uhu sitzt oder steht auf einem Baum.)
Das Kind sitzt auf dem Stuhl oder steht frei im Raum.

Bewegungsablauf:
Oberkörper und Kopf werden langsam zu einer Seite gedreht.
Position kurz halten.
Oberkörper und Kopf werden zur anderen Seite gedreht.
Position kurz halten.
Der Körper wird langsam wieder zur Ausgangsstellung in die Mitte bewegt.
Der Oberkörper dreht sich leicht und locker schwingend abwechselnd zu beiden Seiten.

Es wird gewürfelt.
Alle Kinder kriechen, krabbeln, hüpfen, gehen seitwärts … je nach Würfelbild in ihre Gruppen.

Vers:
In die Höhle rutscht das Häschen –
Bums!

Schnuppert mit dem kleinen Näschen –
Schrumps!

Klatscht in die Hände voller Glück,

Doch dann möchte es nach Haus
Zurück.

Ausgangsstellung:
(Der Hase sitzt vor seiner Höhle.)
Das Kind steht hinter dem Stuhl und hält sich an der Stuhllehne fest.

Bewegungsablauf:
Das Kind gleitet langsam in die Hocke.
Das Kind bleibt in der Hocke.
Das Kind klatscht in die Hände.
Langsam kommt das Kind wieder hoch zum Stand. Dabei kann es sich am Stuhl festhalten.

Es wird gewürfelt.
Alle Kinder kriechen, krabbeln, hüpfen, gehen seitwärts … je nach Würfelbild in ihre Gruppen.

Gleichgewichtsprogramm – Stufe 1

Schnecke

Floh

Käfer

Uhu

Hase

Gleichgewichtsprogramm – Würfelblatt 1 Rückseite

Schnick, schnack, schneck und Schniechen,
Alle Schnecken wollen kriechen.

Die Kinder kriechen auf dem Bauch in ihren Gruppenraum.

Fli, fla, flo und flüpfen,
Alle Flöhe wollen hüpfen.

Die Kinder hüpfen auf einem Bein in ihren Gruppenraum.

Ki, ka, kä und kabbeln,
Alle Käfer wollen krabbeln.

Die Kinder krabbeln auf Händen und Knien in ihren Gruppenraum.

Bi, ba, bu und behen,
Alle Uhus wollen seitwärts
Gehen.

Die Kinder gehen seitwärts, sie setzen jeweils einen Fuß neben den anderen. Sie gehen in dieser Bewegungsform in ihren Gruppenraum.

Hi, ho, has und mopsen,
Alle Hasen wollen hopsen.

Die Kinder hüpfen mit geschlossenen Füßen in ihren Gruppenraum.

Wenn die Kinder Sechser würfeln,
Wenn sie lustig sind und froh,
Wenn sie hüpfen, springen, lachen,
Kriechen, krabbeln ebenso.
Dann kommt Willi her und winkt,
Schaut nun her, welch` Tier er bringt.

Das Kind, das gewürfelt hat, wählt einen von Willis Tierfreunden und die zugehörige Bewegungsform aus.

Gleichgewichtsprogramm – Würfelblatt 1

Schnecke

Schnick, schnack, schneck und Schniechen,
Alle Schnecken wollen kriechen.

Floh

Fli, fla, flo und flüpfen,
Alle Flöhe wollen hüpfen.

Käfer

Ki, ka, kä und kabbeln,
Alle Käfer wollen krabbeln.

Uhu

Bi, ba, bu und behen,
Alle Uhus wollen seitwärts gehen.

Hase

Hi, ho, has und mopsen,
Alle Hasen wollen hopsen.

Wenn die Kinder Sechser würfeln,
Wenn sie lustig sind und froh,
Wenn sie hüpfen, springen, lachen,
Kriechen, krabbeln ebenso.
Dann kommt Willi her und winkt,
Schaut nun her, welch` Tier er bringt.

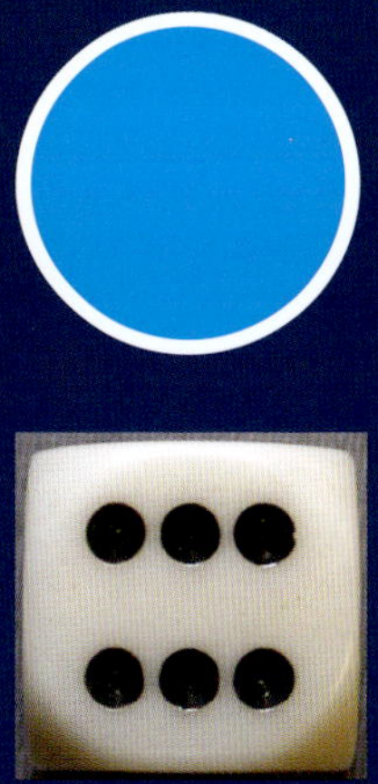

Gleichgewichtsprogramm – Stufe 2 Rückseite

Vers:
Schnick, schnack, schneck,
Komm aus dem Versteck.
Strecke beide Fühler aus.
Hol das Köpfchen aus dem Haus.

Ziehe Deine Fühler ein,
Beug den Kopf nach unten fein.
Schnick, schneck, schnack,
Ich wünsch dir einen guten Tag!

Ausgangsstellung:
(Die Schnecke sitzt in ihrem Schneckenhaus.)
Das Kind sitzt auf dem Stuhl.
Der Kopf ist leicht gebeugt – das Kinn zeigt zur Erde, die Hände liegen locker auf oder neben den Oberschenkeln.

Bewegungsablauf:
Arme und Kopf werden langsam angehoben. Die leicht gebeugten Arme strecken sich zur Decke.
Position kurz halten.
Die Arme und der Kopf werden langsam zurück in Richtung Boden bewegt.
Position kurz halten.
Der Kopf wird langsam zurück in die Ausgangsposition bewegt.

Es wird gewürfelt.
Alle Kinder kriechen, krabbeln, hüpfen, gehen seitwärts …
je nach Würfelbild in ihre Gruppen.

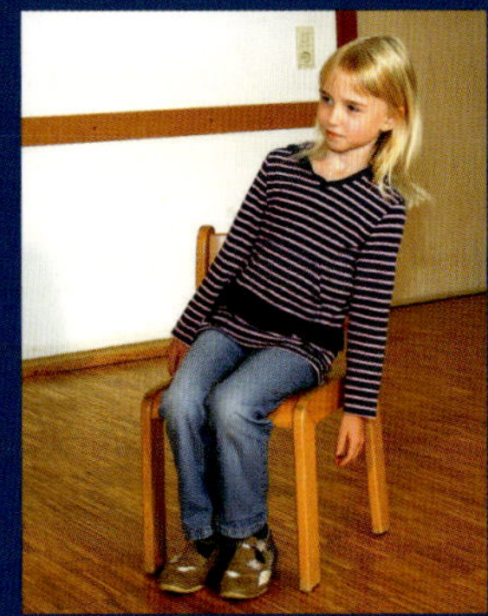

Vers:
Der Floh, der sitzt auf einem Blatt.
Der Wind, der pustet es zur Seite,
Er fällt nicht ab.

Zur anderen Seite geht das Blasen,
Der Floh wird sich nicht fallen lassen.

Er bleibt sitzen und genießt das Schwingen…
Der Wind wird ihn zurück zur Mitte bringen.

Der Wind beendet nun sein Spiel,
Der Floh der freut sich,
Weil er nicht vom Blatte fiel.

Ausgangsstellung:
(Der Floh sitzt auf einem Blatt.)
Das Kind sitzt auf dem Stuhl.

Bewegungsablauf:
Der Oberkörper wird zur Seite verlagert.
Position kurz halten.
Der Oberkörper wird zur anderen Seite verlagert.
Position kurz halten.
Der Oberkörper schwingt langsam von einer zur anderen Seite.
Der Körper wird in die Ausgangsposition zurück bewegt.

Es wird gewürfelt.
Alle Kinder kriechen, krabbeln, hüpfen, gehen seitwärts …
je nach Würfelbild in ihre Gruppen.

Vers:
Lieber Käfer tanz mit mir,
Meine Arme winken Dir.
Schwingen sich mal hin, mal her,
Das macht Spaß und ist nicht schwer.

Fasse Deine Hände an,
Dass ich mit dir tanzen kann.

Drehen uns dann dideldum,
Einmal rund im Kreis herum.

Drehen uns dann dideldück,
Fröhlich auch im Kreis zurück.

Ausgangsstellung:
(Die Käfer möchten tanzen.)
Jeweils zwei Kinder stehen sich gegenüber.

Bewegungsablauf:
Die Kinder heben die Arme und schwingen Oberkörper und Arme zum Winken hin und her.
Sie fassen sich zu zweit an.
Sie drehen sich langsam im Kreis herum.
Stoppen.
Die Kinder drehen sich langsam zur anderen Seite zurück.
Stoppen.

Es wird gewürfelt.
Alle Kinder kriechen, krabbeln, hüpfen, gehen seitwärts …
je nach Würfelbild in ihre Gruppen.

Vers:
Bi, ba, buhu, auf dem Baum,
Da sitzt ein Uhu.
Dreht den Kopf zur Seite dann,
Dass er alles sehen kann.

Will ihn nun zur andr`en Seite drehen,
Denn da gibt es auch noch viel zu Sehen.

Lieber Uhu, eine Bitte:
Dreh` den Kopf zurück zur Mitte.

Uhu mach die Augen zu,
Denn du brauchst ein bisschen Ruh`.

Ausgangsstellung:
(Der Uhu sitzt auf einem Baum.)
Das Kind sitzt auf dem Stuhl.

Bewegungsablauf:
Der Kopf wird langsam zu einer Seite gedreht.
Position kurz halten.
Der Kopf wird langsam zur anderen Seite gedreht.
Position kurz halten.
Der Kopf wird zur Ausgangsstellung in die Mitte gedreht.
Die Augen werden für einen Moment geschlossen.

Es wird gewürfelt.
Alle Kinder kriechen, krabbeln, hüpfen, gehen seitwärts …
je nach Würfelbild in ihre Gruppen.

Vers:
In die Höhle rutschen beide Häschen
– Bums!

Schnuppern mit den kleinen Näschen
– Schrumps!

Spitzen ihre Hasenohren dann,
Weil ein jedes damit wackeln kann.

Bleiben in der Höhle einen Augenblick,
Doch dann möchten sie nach Haus Zurück.

Ausgangsstellung:
(Die Hasen sitzen vor ihre Höhle.)
Zwei Kinder stehen sich gegenüber.
Sie fassen sich an.

Bewegungsablauf:
Die Kinder halten sich an den Händen.
Sie gehen langsam in die Hocke.
Sie lösen die Hände, legen sie seitlich wie Hasenohren an den Kopf.
Sie bewegen die Hände.
Position halten.
Sie fassen sich wieder an den Händen an und kommen langsam hoch zum Stand.

Es wird gewürfelt.
Alle Kinder kriechen, krabbeln, hüpfen, gehen seitwärts …
je nach Würfelbild in ihre Gruppen.

Gleichgewichtsprogramm – Stufe 2

Schnecke

Floh

Käfer

Uhu

Hase

Gleichgewichtsprogramm – Würfelblatt 2 Rückseite

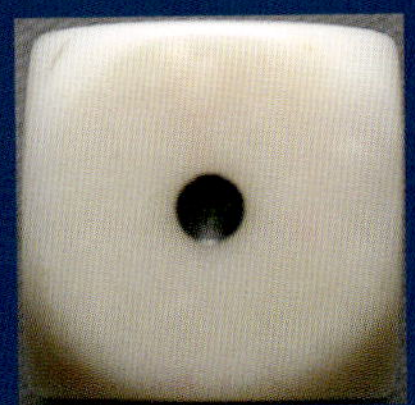

Schnick, schnack, schneck und Schnimmen,
Wir wollen heute rückwärts Schwimmen.

Die Kinder machen Kraulbewegungen in der Rückenlage. Sie bewegen sich zum Gruppenraum.

Fli, fla, flo und flüpfen,
Wir wollen heut´ zusammen Hüpfen.

Zwei Kinder fassen sich an.
Sie hüpfen – jedes auf einem Bein – in ihren Gruppenraum.

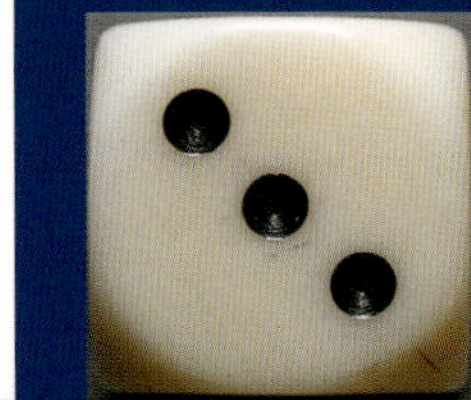

Ki, ka, kä und kabbeln,
Ich trage was beim Krabbeln.

Die Kinder krabbeln auf Händen und Knien, sie transportieren auf ihrem Rücken einen beliebigen Gegenstand in ihren Gruppenraum.

Bi, ba, bu und behen,
Ich kann im Kreuzschritt gehen.

Die Kinder machen einen Seitwärtsschritt – Überkreuzschritt – Seitwärtsschritt... Sie gehen in dieser Bewegungsform in ihren Gruppenraum.

Hi, ho, has und hätschen,
Einmal hopsen – einmal grätschen.

Die Kinder hüpfen im Wechsel mit geschlossenen Beinen – mit gegrätschten Beinen – mit geschlossenen Beinen … in ihren Gruppenraum.

Wenn die Kinder Sechser würfeln,
Wenn sie lustig sind und froh,
Wenn sie hüpfen, springen, lachen,
Kriechen, krabbeln ebenso.
Dann kommt Willi her und winkt,
Schaut nun her, welch` Tier er bringt.

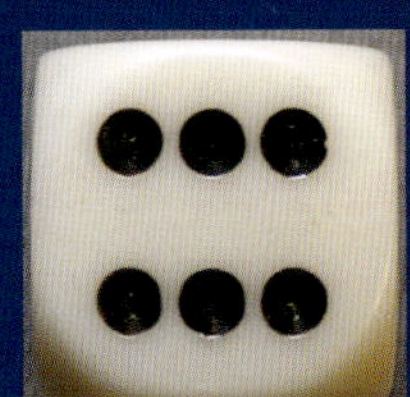

Das Kind, das gewürfelt hat, wählt einen von Willis Tierfreunden und die zugehörige Bewegungsform aus.

Gleichgewichtsprogramm – Würfelblatt 2

Schnecke

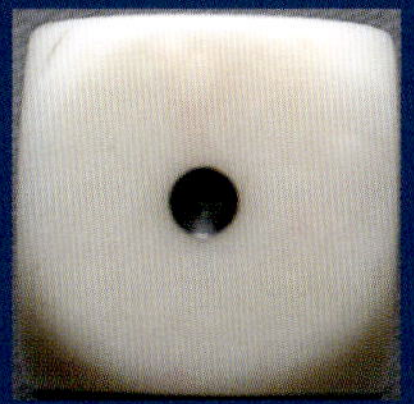

Schnick, schnack, schneck und
Schnimmen,
Wir wollen heute rückwärts
Schwimmen.

Floh

Fli, fla, flo und flüpfen,
Wir wollen heut' zusammen
Hüpfen.

Käfer

Ki, ka, kä und kabbeln,
Ich trage was beim Krabbeln.

Uhu

Bi, ba, bu und behen,
Ich kann im Kreuzschritt gehen.

Hase

Hi, ho, has und hätschen,
Einmal hopsen – einmal grätschen.

Wenn die Kinder Sechser würfeln,
Wenn sie lustig sind und froh,
Wenn sie hüpfen, springen, lachen,
Kriechen, krabbeln ebenso.
Dann kommt Willi her und winkt,
Schaut nun her, welch` Tier er bringt.

Gleichgewichtsprogramm – Stufe 3 Rückseite

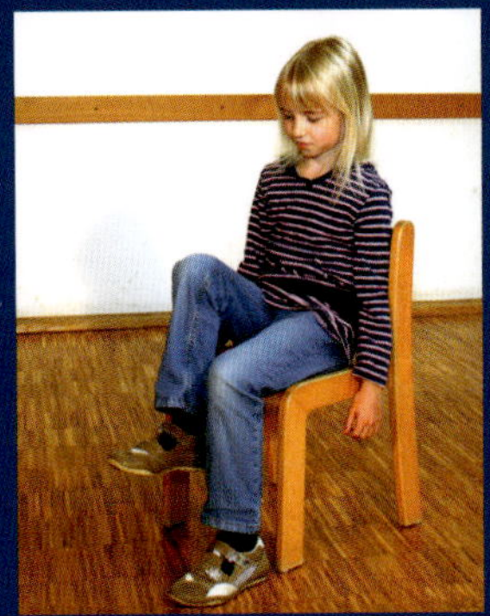

Vers:
Schnick, schnack, schneck,
Komm aus dem Versteck.
Strecke Kopf und Fühler
Langsam hoch – und wieder runter.
Auch das Knie ist heute munter,
Will den Kopf begrüßen,
Beide Augen schauen zu den Füßen.
Geht der Kopf nach oben dann,
Ist das andere Knie mit der
Begrüßung dran.
Schnick, schneck, schnack,
Ich wünsch dir einen guten Tag!

Ausgangsstellung:
(Die Schnecke sitzt in ihrem Haus.)
Das Kind sitzt auf dem Stuhl.
Der Kopf ist leicht gebeugt – das Kinn zeigt zur Erde.
Die Hände liegen locker auf oder neben den Oberschenkeln.

Bewegungsablauf:
Arme und Kopf werden langsam angehoben. Die leicht gebeugten Arme strecken sich zur Decke.
Die Arme und der Kopf gehen langsam zurück in Richtung Boden.
Während sich Kopf und Arme senken, wird ein Knie angehoben.
Kopf und Knie kommen sich entgegen.
Das Bein wird wieder abgesetzt, der Kopf aufgerichtet.
Das andere Knie wird angehoben, der Kopf zur gleichen Zeit gesenkt. Knie und Kopf gehen in die Ausgangsposition zurück.

Es wird gewürfelt.
Alle Kinder kriechen, krabbeln,
hüpfen, gehen seitwärts …
je nach Würfelbild in ihre Gruppen.

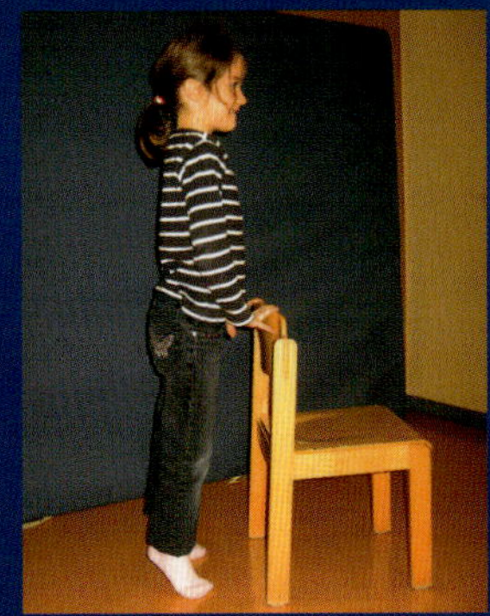

Vers:
Der Floh, der steht auf einem Blatt,
Der Wind, der hebt es hoch,
Der Floh fällt gar nicht ab.
Er steht auf seinen Zehenspitzen
Und will gar nicht mehr auf dem Blatte
Sitzen.

Langsam runter von den Zehen.
Der Floh kann alle Kinder heute sehen.

Er streckt die Arme hoch und ruft
Vergnügt und froh:
Hallo, es grüßt euch euer Freund der
Floh!

Ausgangsstellung:
(Der Floh steht auf einem Blatt.)
Das Kind steht hinter einem Stuhl.
Es hält sich am Stuhl fest.

Bewegungsablauf:
Das Kind geht auf die Zehenspitzen.
Position kurz halten.
Das Kind kommt zurück auf die Füße.
Das Kind hebt die Arme in die Luft und winkt.

Es wird gewürfelt.
Alle Kinder kriechen, krabbeln,
hüpfen, gehen seitwärts …
je nach Würfelbild in ihre Gruppen.

Vers:
Alle Käfer tanzen froh,
Heute mal auf ihrem Po.
Drehen sich jetzt didelda und
Dideldum,
Langsam auf dem Po im Kreis herum.

Drehen sich jetzt dideldum und
Dideldück,
Langsam auf dem Po im Kreis zurück.

Ausgangsstellung:
(Der Käfer möchte tanzen.)
Das Kind sitzt auf der Erde.

Bewegungsablauf:
Das Kind dreht sich langsam um sich selbst im Kreis herum.
Stoppen.
Das Kind dreht sich zur anderen Seite langsam zurück.
Stoppen.

Es wird gewürfelt.
Alle Kinder kriechen, krabbeln,
hüpfen, gehen seitwärts …
je nach Würfelbild in ihre Gruppen.

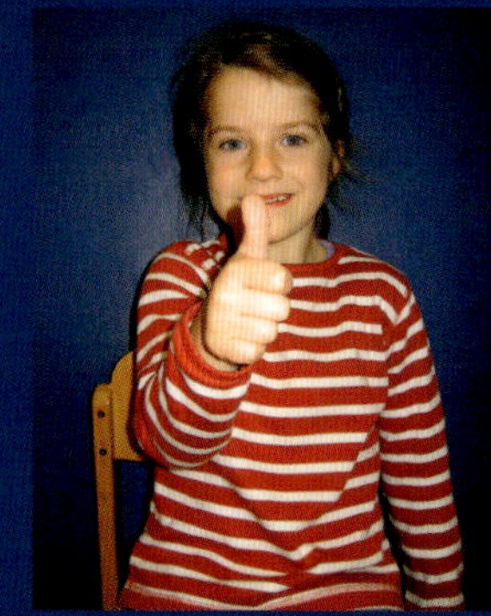

Vers:
Bi, ba, buhu, aus dem Haus
Da kommt ein kleiner Uhu.
Fliegt ganz langsam hin,
Fliegt ganz langsam her.
Ach, das mag der Kleine wirklich sehr.

Kommt ganz nah –
Und fliegt ganz fern.
Ach, das mag er wirklich gern.
Winkt und freut sich.

Geht zurück – schlüpft in das Haus,
Denn die Geschichte von dem kleinen
Uhu ist für heute aus.

Ausgangsstellung:
(Das Kind wartet auf den kleinen Uhu.)
Das Kind sitzt auf dem Stuhl.
Es schaut nach vorn, der Kopf ist in der Mitte.

Bewegungsablauf:
Ein Arm wird leicht angehoben, die gefaustete Hand (Daumen innen) wird in Augenhöhe (Leseabstand) mittig vor das Gesicht gehalten. Der Daumen streckt sich aus der Hand.
Langsam wird der Daumen zu einer Seite geführt. Langsam wird der Daumen zur anderen Seite geführt.
Der Kopf bleibt mittig, die Augen folgen. Der Daumen kommt zurück zur Mitte. Langsam kommt der Daumen nah zur Nase. Langsam streckt sich der Arm. Der Daumen kommt zurück in die Ausgangsposition. Der Daumen winkt …
Der Daumen geht in die Faust zurück.

Es wird gewürfelt.
Alle Kinder kriechen, krabbeln,
hüpfen, gehen seitwärts …
je nach Würfelbild in ihre Gruppen.

Vers:
In die Höhle rutschen beide Häschen
– Bums!
Schnuppern mit den kleinen Näschen
– Schrumps!

Spitzen ihre Hasenohren dann,
Weil ein jedes damit wackeln kann.
Drehen das Köpfchen hin und her.
Rufen laut: Ich will noch mehr!

Hüpfen in der Höhle fröhlich einen
Augenblick,
Doch dann müssen sie nach Haus
Zurück.

Ausgangsstellung:
(Die Hasen sitzen vor ihrer Höhle.)
Zwei Kinder stehen sich gegenüber.
Sie fassen sich an.

Bewegungsablauf:
Die Kinder halten sich an den Händen.
Sie gehen langsam in die Hocke.
Sie lösen die Hände.
Sie legen die Hände seitlich wie Hasenohren an den Kopf.
Sie bewegen die Hände.
Position kurz halten.
Die Kinder drehen den Kopf langsam – in der Hocke sitzend – nacheinander zu beiden Seiten.
Der Kopf kommt zurück in die Mitte.
Position halten.
Die Kinder hüpfen auf der Stelle. Sie fassen sich zu zweit an den Händen an und kommen langsam hoch zum Stand.

Es wird gewürfelt.
Alle Kinder kriechen, krabbeln,
hüpfen, gehen seitwärts …
je nach Würfelbild in ihre Gruppen.

Gleichgewichtsprogramm – Stufe 3

Schnecke

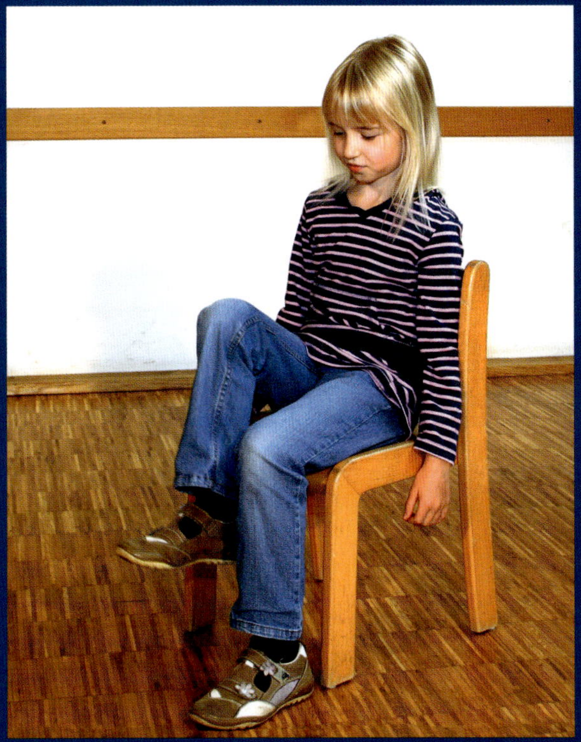

Floh

Käfer

Uhu

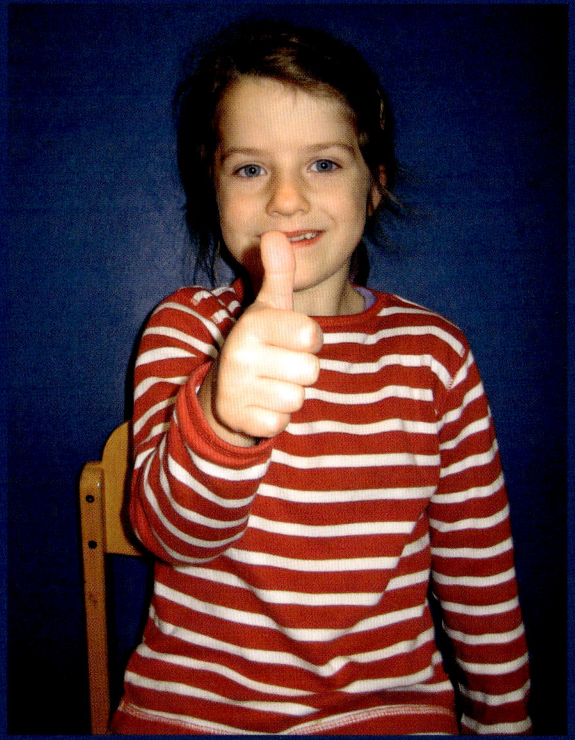

Hase

Gleichgewichtsprogramm – Würfelblatt 3 Rückseite

Schnick, schnack, schneck und Schnollen,
Alle Schnecken wollen rollen.

Die Kinder liegen auf dem Boden und rollen um die Längsachse in ihren Gruppenraum.

Fli, fla, flo und flüpfen,
Die Flöhe wollen rückwärts hüpfen.

Die Kinder hüpfen rückwärts auf einem Bein in ihren Gruppenraum.

Ki, ka, kä und kabbeln,
Wir woll´n in einer Schlange krabbeln.

Zwei oder mehrere Kinder krabbeln hintereinander. Das hintere Kind fasst das vordere Kind an den unteren Beinen an. Sie krabbeln in ihren Gruppenraum.

Bi, ba, bu und behen,
Der Uhu, der will rückwärts gehen.

Die Kinder gehen rückwärts in ihren Gruppenraum.

Hi, ho, has und mampeln,
Der Hase will heut´ hampeln.

Die Kinder hüpfen im Hampelmannsprung in ihren Gruppenraum.

Wenn die Kinder Sechser würfeln,
Wenn sie lustig sind und froh,
Wenn sie hüpfen, springen, lachen,
Kriechen, krabbeln ebenso.
Dann kommt Willi her und winkt,
Schaut nun her, welch` Tier er bringt.

Das Kind, das gewürfelt hat, wählt einen von Willis Tierfreunden und die zugehörige Bewegungsform aus.

Gleichgewichtsprogramm – Würfelblatt 3

Schnecke

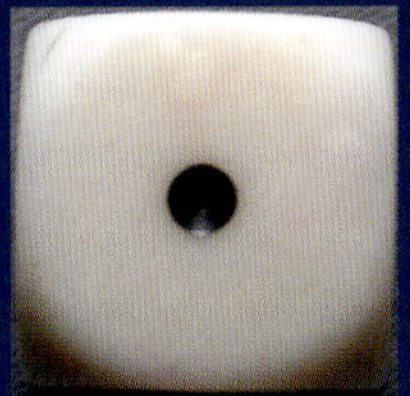

Schnick, schnack, schneck und
Schnollen,
Alle Schnecken wollen rollen.

Floh

Fli, fla, flo und flüpfen,
Die Flöhe wollen rückwärts hüpfen.

Käfer

Ki, ka, kä und kabbeln,
Wir woll'n in einer Schlange krabbeln.

Uhu

Bi, ba, bu und behen,
Der Uhu, der will rückwärts gehen.

Hase

Hi, ho, has und mampeln,
Der Hase will heut' hampeln.

Wenn die Kinder Sechser würfeln,
Wenn sie lustig sind und froh,
Wenn sie hüpfen, springen, lachen,
Kriechen, krabbeln ebenso.
Dann kommt Willi her und winkt,
Schaut nun her, welch` Tier er bringt.

Kindliche Bewegungen sind Bausteine zum Lernen

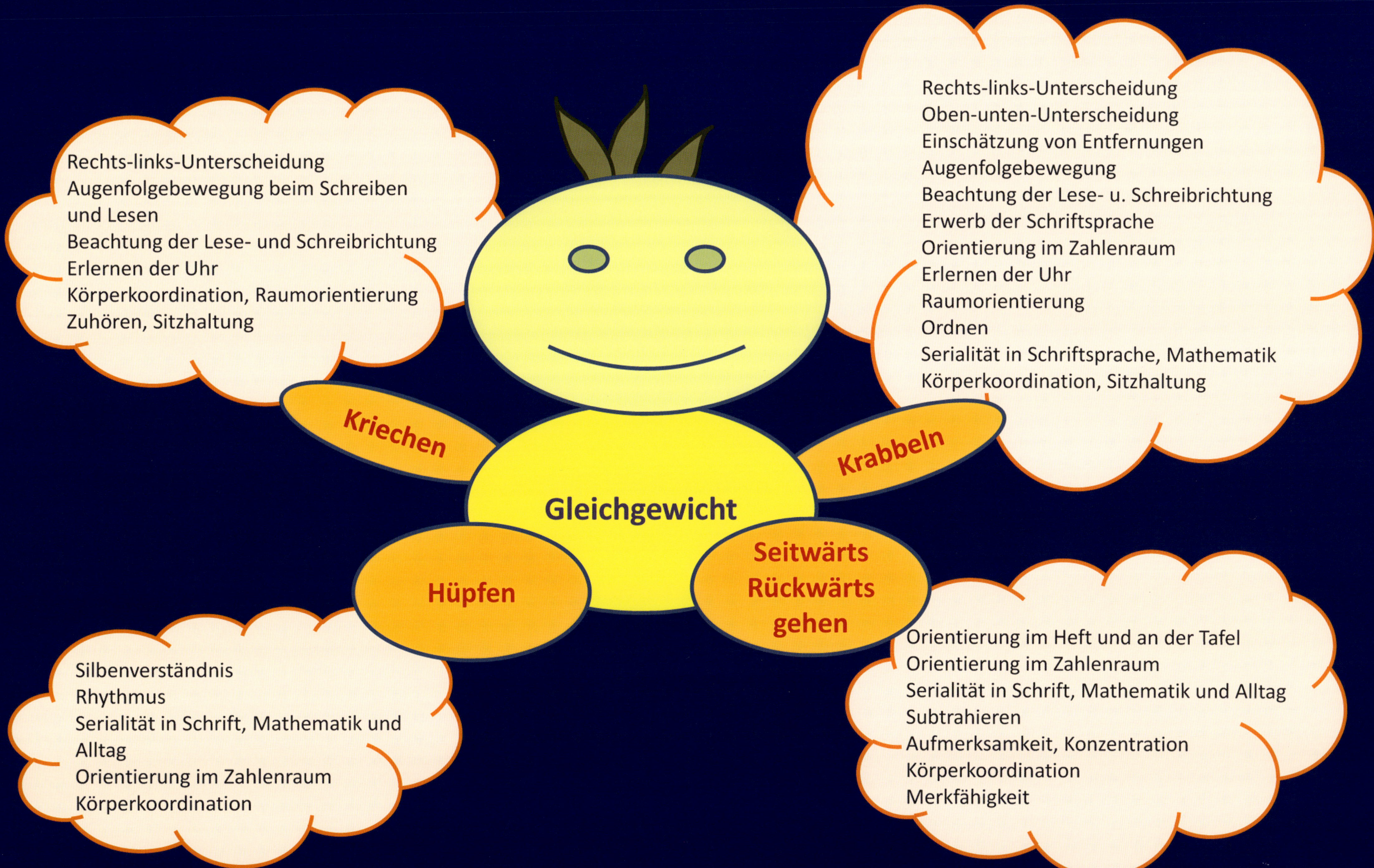

Körperliches und seelisches Gleichgewicht
Sehen
Rechnen
Aufmerksamkeit
Konzentration
Hören
Schreiben
Sprache
Koordination
Spiel mit dem Gleichgewicht
Aufrichtung gegen die Schwerkraft
Vorgeburtliche Entwicklung der Sensomotorik

Der kleine Medicus im Gleichgewicht - er weiß, wie alles zusammenwirkt.

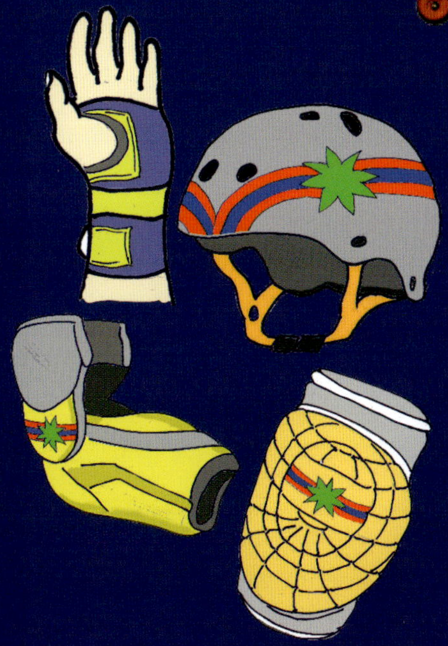

Der kleine Medicus fragt:
Worauf muss ich beim Skateboard fahren achten?

Du weißt: Er braucht einen Helm, Knieschützer, Ellenbogen- und Handgelenkschützer!

Der Gleichgewichtssinn

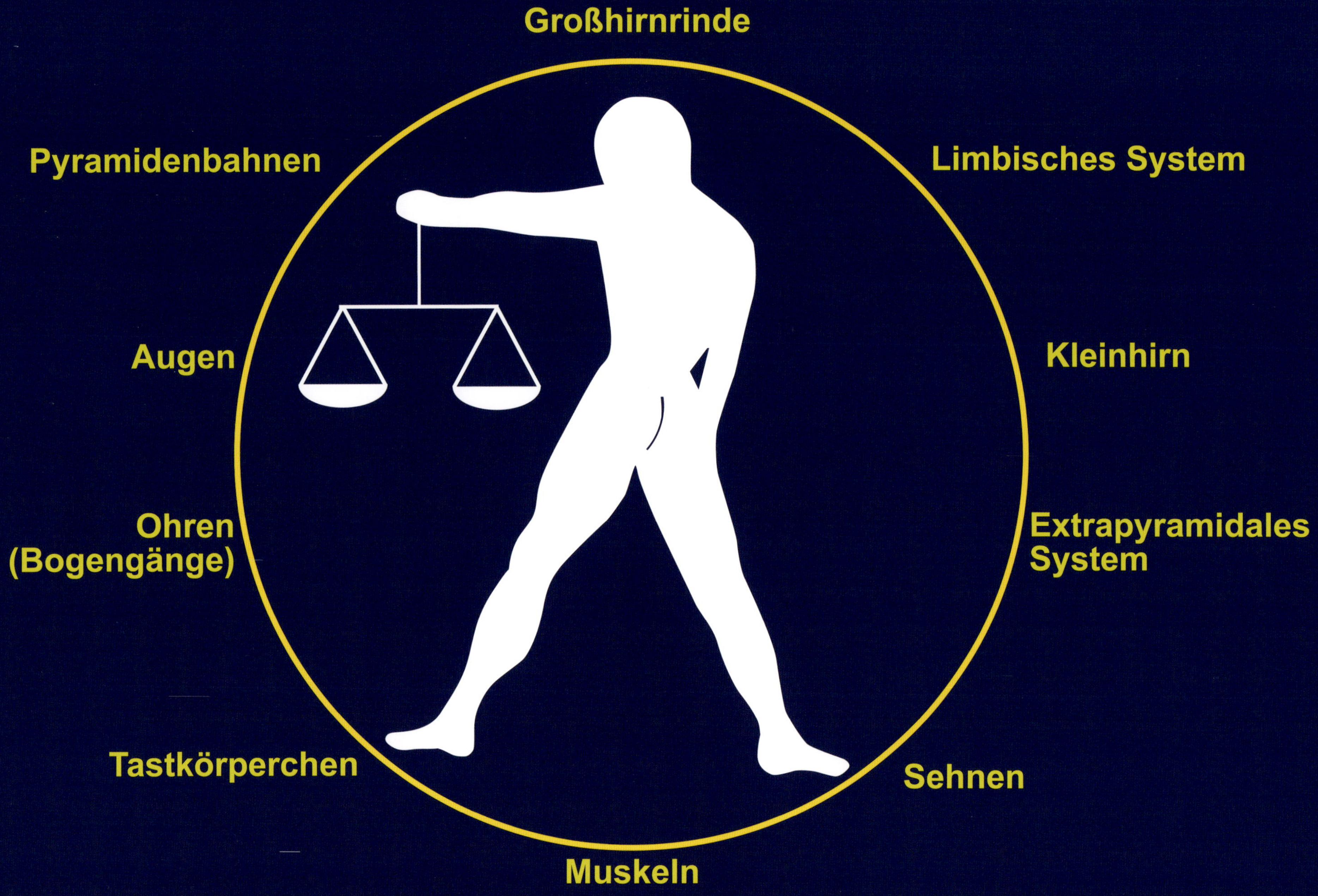

Der Gleichgewichtssinn hilft uns bei wichtigen Tätigkeiten, wie zum Beispiel dem Laufen und dem Skateboard fahren, die Balance zu halten.
Die Gleichgewichtsorgane im Innenohr (*Bogengänge, Utriculus und Sacculus*) und das Kleinhirn prüfen fortwährend die Lage und die Beschleunigung deines Körpers.
Aber auch Augen, Hör- und Tastsinn versorgen unseren Gleichgewichtssinn mit wesentlichen Informationen.
Zusammen mit Muskeln, Sehnen, Wirbelsäule und auch dem Fußgewölbe sorgen sie dafür, dass du die Balance behältst und deine Knieschoner beim Skateboard fahren nicht allzu sehr strapaziert werden!

1. Groß- und Kleinhirn
2. Augen
3. Bogengänge im Ohr
4. Wirbelsäule
5. Muskeln und Sehnen
6. Fußgewölbe

Wer trifft sich diese Woche?

	Montag	Dienstag	Mittwoch	Donnerstag	Freitag
Wir besuchen Wir würfeln 					

Bewegtes Lernen mit Dorothea Beigel !

Dorothea Beigel / Dietrich Grönemeyer

Von Anfang an im Gleichgewicht

Ein Bewegungsprogramm für den Kindergarten mit dem Zwerg Willibald, seinen Freunden und dem kleinen Medicus

„Gerade im Kindergarten haben viele Erzieher ein Zeitproblem mit dem umfangreichen Bildungsplan: Sprachförderung, Bewegungserziehung, musikalische Förderung, Experimente. Für die Übungen des Bewegungsprogramms 'Von Anfang an im Gleichgewicht' braucht es aber nur etwa 5 Minuten täglich und kein zusätzliches Material." Daniela Pfaffenberger, kigaportal.com

3. Aufl. 2018, Medienpaket bestehend aus: Poster-Kalender DIN A3 quer, 24 Blatt, farbig, Ringbindung + Begleitbuch 96 S., farbige Abb., Format DIN A4, br; beides im Pappschuber, Alter: 0–5

ISBN 978-3-938187-83-8 | Bestell-Nr. 9431 | 26,80 Euro

Dorothea Beigel

Bildung kommt ins Gleichgewicht

„Guten Morgen, liebes Knie ..." – Ein Gleichgewichtsprogramm zur Lernunterstützung

Dieses Material bietet leicht umsetzbares Handwerkszeug für den täglichen Schulalltag und ist mit einem Zeitaufwand von 1-3 Minuten pro Unterrichtsstunde ohne speziellen Raumbedarf in allen Klassenstufen und in allen Schulformen durchführbar. Es regt den Lehrer an, sich aktiv am „kleinen Bewegungsprogramm" zu beteiligen, um das eigene Gleichgewicht zu pflegen und die Konzentration und die Lernmöglichkeit der Schüler zu fördern. Das fünfstufige Gleichgewichtsprogramm kann mit anderen Förderungen unkompliziert verbunden werden.

4. Aufl. 2021 , Medienpaket bestehend aus: Poster-Kalender DIN A3 quer, 12 Blatt, farbig, Ringbindung + Begleitheft 72 S., Format DIN A4, geh; beides im Pappschuber, Alter: ab 5

ISBN 978-3-938187-53-1 | Bestell-Nr. 9404 | 24,80 Euro

Dorothea Beigel

Kinder im Gleichgewicht (KIG+)

Gezielte Bewegungs- und Wahrnehmungsförderung zur Unterstützung von Gesundheit, Lernen und Verhalten

• Ein Eltern-Kind-Programm nach Dorothea Beigel® • Kursmanual: Grund- und Aufbaukurs für Kinder von 5 bis 7 und 8 bis 12 Jahren

Ziel der sensomotorischen Einheiten ist die nachhaltige Unterstützung der körperlichen und seelischen Gesundheit, des Lernens, Verhaltens und Wohlfühlens. Das spielerische Bewegen in den Stunden bezieht Bewegungsübungen aus der kindlichen Entwicklung mit ein und geht auf die Förderung der Wahrnehmungsbereiche und die Ausreifung frühkindlicher Bewegungsmuster ein. Durch zielgerichtete „Bewegungs-Hausaufgaben" werden die Stundeninhalte vertieft, um eine nachhaltige Wirkung zu gewährleisten. Die Zusammenarbeit mit den Eltern ist ein wichtiger Bestandteil des Angebots.

244 S., farbige Abb., Groß-Format DIN A4, Ringbindung, Alter: 5–12

ISBN 978-3-8080-0834-8 | Bestell-Nr. 1291 | 26,95 Euro

Dorothea Beigel

Beweg dich, Schule!

Eine „Prise Bewegung" im täglichen Unterricht der Klassen 1 bis 13

Der kurze Theorieteil untermauert das Verständnis für die Notwendigkeit von kurzen Bewegungssequenzen in allen Altersklassen und Schulformen. Erprobte Bewegungseinheiten setzen direkt an der Stoffvermittlung einzelner Fächer an. Die Spiel- und Bewegungsangebote sind kurzzeitig, variabel und jederzeit für Kinder, Jugendliche und Erwachsene altersangemessen einsetzbar, ohne dass zusätzlicher Material- und/oder Raumbedarf im Unterricht entsteht. Der Praxisteil gliedert sich schwerpunktmäßig in die Bereiche Mathematik, Deutsch, Fremdsprachen und übergreifende Fächerangebote. Ergänzt wird das Angebot durch „Brain-Gym"-Spiele, Minutenpausen, Mini-Sport-Bewegungen und Bewegungsangebote für das Lehrerzimmer.

5., überarbeitete und erweiterte Aufl. 2019, 352 S., farbige Abb., Beigabe: Übersicht der Spiele zusätzlich als Download, Format 16x23cm, fester Einband, Alter: 6–20

ISBN 978-3-8080-0855-3 | Bestell-Nr. 1311 | 23,95 Euro

Dorothea Beigel

Traumhafte Bewegungen

Bewegungsgeschichten für Erwachsene, die ihr körperliches und seelisches Gleichgewicht unterstützen möchten

„Mein Gleichgewicht liebt diese Geschichten!" Eine der vielen positiven Teilnehmer-Rückmeldungen.

„Alles in allem ein vortreffliches Ermutigungswerk, das hoffentlich viele Menschen im wahrsten Sinne des Wortes bewegen wird!" Detlef Rüsch, amazon.de

200 S., farbige Abb., Format DIN A4, Ringbindung, Alter: Erwachsene

ISBN 978-3-8080-0766-2 | Bestell-Nr. 1265 | 21,50 Euro

Dorothea Beigel

Erwachsene und Senioren im Gleichgewicht

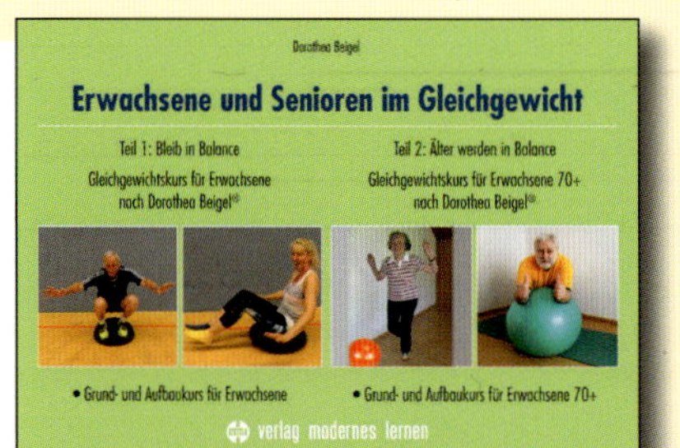

Teil 1: Bleib in Balance: Gleichgewichtskurs für Erwachsene nach Dorothea Beigel® – Grund- und Aufbaukurs für Erwachsene

Teil 2: Älter werden in Balance: Gleichgewichtskurs für Erwachsene 70+ nach Dorothea Beigel® – Grund- und Aufbaukurs für Erwachsene 70+

308 S., farbige Abb., Groß-Format DIN A4, Ringbindung

ISBN 978-3-8080-0835-5 | Bestell-Nr. 1292 | 26,95 Euro

BORGMANN MEDIA

verlag modernes lernen | borgmann publishing

Schleefstraße 14, D-44287 Dortmund
Telefon 02 31 - 12 80 08, Fax 02 31 - 12 56 40
Leseproben, Rezensionen, Bestellen im Internet:
www.verlag-modernes-lernen.de

Dorothea Beigel

Flügel und Wurzeln

Persistierende Restreaktionen frühkindlicher Reflexe und ihre Auswirkungen auf Lernen und Verhalten

„Flügel und Wurzeln" ist aus dem Wunsch heraus entstanden, beim Leser Verständnis für teilleistungs- und verhaltensauffällige Kinder zu wecken und Wege aufzuzeigen, die Hintergründe solcher Störungen zu begreifen und den Kindern in Elternhaus und Schule zeitig zu kompensieren. Die Autorin gibt einen Überblick über die Sinnessysteme des Menschen und geht auf persistierende Restreaktionen frühkindlicher Reflexe ein. Sie beschreibt Möglichkeiten und Erfahrungen aus der Arbeit mit Bewegungsprogrammen zur Integration von Restreaktionen frühkindlicher Reflexe. In eigens hervorgehobenen Ratschlägen für Elternhaus, Kindergarten und Schule wird aus Sicht einer Pädagogin darauf hingewiesen wie Teilleistungsstörungen vorgebeugt werden und wie sie ausgeglichen werden können.

Ein Buch, das angesichts der immer schneller anwachsenden Zahl „auffälliger" Kinder auf die pragmatischen Möglichkeiten eines Staatlichen Schulamtes hinweist. Angesichts der politischen Folgerungen aus der Pisa-Studie ist es als Plädoyer für eine gedeihliche Kindheit in Elternhaus, Kindergarten und Schule zu verstehen. Es geht darum, die kindlichen „Wurzeln" wachsen und gedeihen zu lassen und auf diese Weise den Kindern „Flügel" zu geben, mit denen sie sich gesund und erfolgreich den Herausforderungen der Gegenwart und Zukunft stellen können.

Bestseller: über 25.000 Auflage!

7. Aufl. 2018, 256 S., Format 16x23cm, fester Einband, Alter: Kiga, GS

ISBN 978-3-8080-0833-1 | Bestell-Nr. 1154 | 20,40 Euro

Dorothea Beigel / Dietrich Grönemeyer

„Ich wär' jetzt mal 'ne Fledermaus!"

Spiel- und Bewegungsgeschichten zur sensomotorischen Förderung

Dieses Praxisbuch bietet über 50 kindgerechte Bewegungsgeschichten zur spielerischen Schulung der Sensomotorik. Frühkindliche Bewegungsmuster werden liebevoll aufgegriffen, verfeinert, variiert und ausgebaut. Ritchie, der Ringelwurm, der die Kinder Bewegungsmuster rund um den Tonischen Labyrinth Reflex spielen lässt, ist ebenso wie die Tausendfüßler Fritzchen und Marleen, die so gerne barfuß gehen (Fußgreifreflex), oder Freddy, die freche Fledermaus (Asymmetrisch Tonischer Nackenreflex) Akteur in den Geschichten. Dieses Buch, durch das Zwerg Willibald und, als medizinischer Berater, der kleine Medicus begleiten, bietet sich für Erzieherinnen, Lehrerinnen und Therapeutinnen auch als Ergänzung zum Beobachtungsverfahren „Kita und Schule - ein starkes Team" und als praktische Erweiterung zu „Flügel und Wurzeln, Restreaktionen frühkindlicher Reflexe und ihre Auswirkungen auf Lernen und Verhalten" an.

„Ein sehr schönes und übersichtliches Buch, leicht verständlich und für Berufsanfänger in der Pädiatrie einfach nur perfekt!" ErgotherapeutIn, HeilpädagogIn

„Sehr empfehlenswert!" Mediziner

2. Aufl. 2017, 224 S., farbige Abb., DIN A4, Ringbindung, Alter: 4–8

ISBN 978-3-8080-0727-3 | Bestell-Nr. 1252 | 21,50 Euro

BORGMANN MEDIA

verlag modernes lernen | borgmann publishing

Dorothea Beigel / Ruth Frey

Was ist los in meinem Kopf?

Eine Geschichte für kleine und große Leute, die verstehen wollen, warum das Gleichgewicht für das Lernen so wichtig ist

Als wunderbare Ergänzung zu ihren Kalendern hat Dorothea Beigel zusammen mit Ruth Frey ein Demo-Material für Therapie und Unterricht herausgebracht. Buch und Material – Poster (Silhouette eines Gehirns) und Begleitheft mit der Geschichte und Spielideen sowie Kopiervorlagen der einzelnen Hirnareale (alle als Download) – geben Lehrerinnen, Erzieherinnen, Eltern und Therapeutinnen praktische, sofort einsetzbare Anregung, um kindgerechte Antworten auf Fragen zum eigenen Gehirn, zum Lernen und zur Bedeutung von Bewegung zu geben. Ergänzt wird die Geschichte durch Minuten-Spielideen für das Klassenzimmer und durch Antworten auf „noch mehr" Kinderfragen zum Gehirn.

3., überarbeitete und erweiterte Auflage 2020, 88 S. Begleitheft mit 14 Farbtafeln, Beigabe: Farbtafeln DIN A4 und Poster DIN A3 als Download, Groß-Format DIN A4, geh, Alter: 5–10

ISBN 978-3-942976-27-5 | Bestell-Nr. 9446 | 19,95 Euro

Dorothea Beigel / Ute Schäfer

Bildung beginnt schon auf dem Wickeltisch

177 sofort umsetzbare Möglichkeiten, um Kinder in ihrer Entwicklung zu unterstützen

„Das Praxisbuch spricht Fachleute, Eltern und Großeltern an. Durch die klare Strukturierung kann es als Nachschlagewerk benutzt werden. ... Die Verknüpfung zwischen Theorie und Praxis ist gelungen und zeigt zum Beispiel wunderbar die wichtige Bedeutung von Finger- und Fußspielen. Die zeitgemäßen, fröhlichen und attraktiven Sprüche motivieren zum Ausprobieren.

Im Zeitalter der Digitalisierung ist es wesentlich, Eltern und Erzieher immer wieder daran zu erinnern, dass zwischenmenschliche Kommunikation und die gemeinsame Tätigkeit Fundament für eine stabile Entwicklung sind." Ulrike Ziemer, socialnet.de

256 S., farbige Abb., Groß-Format DIN A4, Ringbindung, Alter: 0–8

ISBN 978-3-8080-0832-4 | Bestell-Nr. 1290 | 23,95 Euro

Dorothea Beigel / Jörg Silberzahn

Entdecken Sie Ihr Gleichgewicht

Das Ü30-Wellness- und Trainingsprogramm für Alltag und Beruf

Dieses Material für Erwachsene stellt die Weiterführung und den Abschluss der Gleichgewichts-Kalender-Reihe dar.

Medienpaket bestehend aus: Poster-Kalender DIN A3 quer, ca. 54 Seiten, farbig, Ringbindung + Begleitbuch ca. 144 S., farbige Abb., Format DIN A4, br; beides im Pappschuber

ISBN 978-3-8080-0744-0 | Bestell-Nr. 1257 | 29,80 Euro

Schleefstraße 14, D-44287 Dortmund
Telefon 02 31 - 12 80 08, Fax 02 31 - 12 56 40
Leseproben, Rezensionen, Bestellen im Internet:
www.verlag-modernes-lernen.de